X   5619

DE L'ÉTAT DE LA LANGUE FRANÇAISE

A MARSEILLE,

Avant la Fondation de l'Académie de cette ville.

Par J. T. BORY

Pour avoir l'explication logique et complète de l'antipathie que les Marseillais ont, durant trop longtemps, témoigné pour la langue française, il est indispensable de prendre la question d'un peu loin.

Au XIIe siècle, ce qui constitue géographiquement aujourd'hui l'Empire français, se trouvait divisé — quant au langage— en deux moitiés inégales, mais bien tranchées et dont la ligne de démarcation peut être approximativement indiquée comme partant du lac de Genève et se terminant (non sans avoir décrit maintes sinuosités) à l'embouchure de la Sèvre Niortaise, dans l'Océan.

Entre les populations que séparait cette ligne, c'est-à-dire entre les *Romano-Provençaux* et les *Wallons* ou *Français*, il n'existait à cette époque aucun rapport, aucune affinité, aucune analogie. Détachés depuis longtemps de la monarchie carlovingienne et formant diverses seigneuries indépendantes de l'autorité des successeurs de Hugues Capet, les *pays de langue provençale* étaient si profondément distincts, par les mœurs et par la civilisation, des *pays de langue française* qu'ils en considéraient les habitants comme étrangers, pour ne pas dire comme ennemis.

Ils avaient par contraire des relations incessantes et des alliances très-étroites avec les républiques et les maisons féodales du Nord de l'Italie, avec les rois d'Aragon et les comtes de Barcelonne, vers lesquels ils se trouvaient tout naturellement attirés par une communauté de langage, de prospérité, de mœurs et d'intérêts.

C'est sous l'empire de cet état de choses, que Marseille atteignit l'apogée de sa puissance morale et matérielle au moyen-âge.

Sous le rapport littéraire d'abord, la cour de son vicomte Barral des Baux ne le céda à aucune du Midi de l'Europe. Les plus illustres troubadours du temps sont tout aussi unanimes à le reconnaître qu'à chanter la beauté et les mérites de la vicomtesse Adalaïs.

Marseille, en outre, sous le rapport commercial et industriel, rivalisa à cette époque avec Gênes et Venise. Son état financier devint si rapidement prospère qu'elle put, à beaux sols d'or comptants et sous les héritiers même de Barral, s'affranchir de tout vasselage et se constituer en commune libre, en république.

C'est enfin dans cette période, si intéressante et si glorieuse de son histoire, qu'elle s'occupa le plus activement à perfectionner sa jurisprudence et qu'elle revisa et codifia toutes ses anciennes lois et coutumes, sous le titre général de *Statuta Civitatis Massiliæ*.

Mais, — faut-il bien le dire, — la civilisation si précoce des populations méridionales au moyen-âge — et la littérature des troubadours qui en était le brillant reflet, n'eurent qu'une bien courte existence. Elles furent l'une et l'autre frappées au cœur, dès le XIIIe siècle, par les hommes du Nord, — par les *Français*, — accourus à la croisade prêchée contre les sujets du comte de Toulouse.

Marseille, qui, dans cette lutte souillée par tant d'horreurs, avait porté secours aux Albigeois, dut forcément conserver pour leurs vainqueurs un sentiment de répulsion.

Ce sentiment était d'ailleurs partagé par tous les Provençaux. Aussi lorsque, quelques années plus tard, la mort de Raymond-Bérenger et les intrigues de la cour de France, soutenues par un corps d'armée, eurent livré à un prince capétien, — à Charles d'Anjou, — n amial   de

Béatrix et la couronne comtale de Provence, l'opinion populaire fit explosion de toutes parts.

« La Provence va perdre son nom (s'écrie, à cette nou-
« velle, un troubadour issu de l'opulente maison d'Agout).
« On l'appellera désormais *Faillensa* au lieu de *Proensa*, —
« pays de *lâcheté* au lieu de pays de *braroure*, — parce que,
« en place de son ancien gouvernement, qui était la dou-
« ceur même, elle subit la domination tyrannique des
« Français. »

Et, faisant ensuite allusion à l'insuccès de la première
croisade du roi Louis IX, frère de Charles d'Anjou, le poète
ajoute dans son sirvente : « Vienne à notre secours le roi
« d'Aragon qui a défait les Sarrazins d'Espagne et sans
« peine il nous affranchira du joug des Français, lui qui
« a vaincu leurs vainqueurs ! »

Les craintes qu'avait fait naître l'avénement du nouveau
comte de Provence, ne tardèrent pas à se changer en réa-
lités. Ce prince rapace, dur et impérieux, sans cesse es-
corté d'officiers fiscaux et de gens de robe, se montra tout
d'abord jaloux de la puissance et de la richesse des républiques provençales et il entreprit de les soumettre.

Arles et ensuite Avignon, assiégés par les forces réunies de Charles d'Anjou et de son frère Alphonse de Poi-
tiers, devenu comte de Toulouse, se virent contraints de
capituler et perdirent leurs immunités, leurs franchises.

Alors Marseille eut son tour ; mais la résistance qu'op-
posa cette cité puissante fut bien autrement énergique.
Après huit mois d'un siége où les avantages avaient été
de part et d'autre balancés, il intervint une sorte de tran-
saction qui, tout en faisant nominalement rentrer Marseille dans le domaine du prince français, assura néanmoins à cette ville le maintien de ses institutions
républicaines.

En signant ces *premiers chapitres de paix*, en 1252,
Charles d'Anjou n'avait point obéi à un sentiment de justice et de modération. Il avait seulement compris que le
moment n'était pas encore venu de parler en maître à

Marseille. Aussi s'occupa-t-il activement d'augmenter et d'organiser son armée, et lorsque, — en 1257, — il se crut en état de frapper un coup décisif, — il saisit avec empressement le premier prétexte venu et marcha de nouveau contre la ville déclarée coupable de rébellion.

Les Marseillais, bien fortifiés et maîtres de la mer, étaient en position de soutenir la lutte. Ils pouvaient d'ailleurs compter sur les secours du roi de Castille et sur la haine que le nom français inspirait alors à toutes les populations du Midi (1). Ils préférèrent s'en rapporter à la générosité de l'agresseur et lui ouvrirent leurs portes sans combat. — Mais leur attente fut cruellement trompée. — Charles d'Anjou, par les *seconds chapitres de paix* qu'il imposa aux habitants de Marseille, se fit reconnaître (pour lui et ses successeurs) seigneur perpétuel de la ville et de ses dépendances, — s'appropria la presque-totalité des revenus, — s'arrogea un pouvoir absolu pour l'armement des galères — et ne laissa à la commune, désormais assujettie, que quelques franchises purement municipales.

Avec un maître tel que Charles d'Anjou, les malheurs des Marseillais ne devaient pas se borner à une déchéance politique et administrative. L'entreprise de la conquête du royaume de Naples vint bientôt mettre le comble à leurs maux et à leur haine. On peut en juger par les sirventes de Paulet, leur dernier troubadour. Il ne craint pas d'y proclamer hautement son ardent désir de voir la maison royale de France abaissée et vaincue dans une guerre qui, d'après lui, donnait prétexte à épuiser le sang et l'argent du pays, au profit exclusif du comte et de ses courtisans français.

Ces vœux, ne furent que trop bien réalisés. La tentative de Charles d'Anjou eut une issue on ne peut plus déplorable. En en recueillant les détails dans l'histoire, on se sent médiocrement touché des revers mérités de ce

---

(1) Déjà le troubadour Boniface de Castelane, dont nous possédons des poésies très-véhémentes contre Charles d'Anjou, était entré à Marseille, à la tête de toutes les lances de sa baronie.

prince ambitieux, chassé de Naples qu'il avait couvert de sang et de ruines, périssant misérablement dans un coin de la Pouille, et laissant, après lui, l'unique héritier de ses domaines prisonnier du roi d'Aragon; — mais le cœur saigne lorsqu'on arrive au récit lamentable des *vêpres siciliennes*, où plusieurs milliers de Français et de Provençaux, enrôlés sous sa bannière, furent égorgés en un seul jour.

Les divers comtes de la maison d'Anjou — et, après eux, les rois de France Charles VIII et Louis XII, — recommencèrent tour-à-tour, avec plus ou moins de succès, la guerre contre le royaume de Naples — et tous y sacrifièrent des trésors considérables et un nombre prodigieux de combattants. Cette lutte opiniâtre, qui ne dura pas moins de deux siècles, fut pour Marseille surtout une cause presque incessante de désastres et de misère. — Inquiétée sans relâche, dans son commerce maritime, par les flottes catalanes et aragonaises qui maintes fois la surprirent, la pillèrent et l'incendièrent, — il lui fallait en outre et presque exclusivement, à cause de sa position topographique et de l'importance de son port, — fournir, à chaque tentative de conquête, un contingent ruineux en galères, en matériel de tout genre et en marins.

Ainsi, — si l'on considère que la ruine totale des libertés, du commerce et de la littérature des Marseillais au moyen-âge, fut l'œuvre du frère de Louis IX, et que la guerre napolitaine, legs funeste recueilli dans l'héritage de ce prince, rendit, durant plus de deux cents années, leur misère de plus en plus profonde, — on sera amené à penser que l'amour de nos ancêtres pour la France et pour ses souverains ne remonte pas si haut que l'ont prétendu certains auteurs modernes. On comprendra plus aisément aussi pourquoi, jusques au règne de François Ier, on ne retrouve à Marseille aucune trace du langage français.

Le plus ancien monument connu de la langue française dans cette ville, est une relation, fort ample et fort détaillée, du siége mémorable qu'elle soutint, en 1524, contre les bandes espagnoles, italiennes et allemandes, conduites sous ses murs par le connétable Charles de Bourbon.

Ce précieux document historique, jusqu'à présent resté inédit, fut composé à la sollicitation des trois consuls en exercice et payé avec les deniers communaux, — mais je n'ai pas besoin d'ajouter que l'auteur, Jehan Thiery, surnommé *l'Etoile,* était étranger à Marseille. On eut, en effet, cherché vainement, dans les rangs des citadins de cette époque, un homme capable de coudre l'une à l'autre deux phrases en français.

La seule langue alors en usage était la langue provençale. Dans les actes judiciaires, administratifs et notariés, on était censé, il est vrai, écrire en latin ; mais ce soi-disant latin n'était le plus souvent, — à Marseille, comme dans tout le reste de l'ancien comté, — qu'un amalgame bizarre de radicaux *patois* auxquels on adaptait grotesquement une désinence latine. C'est ce qui explique, et l'immense popularité dont jouirent, dès leur apparition, les macaronées d'Antoine d'Arène, si connu aujourd'hui encore sous le nom d'*Antonius Arena,* — et les quelque vingt éditions qu'eut au XVIe siècle le recueil facétieux que cet écrivain dédia *ad suos compagnones studiantes.*

Le jargon macaronique à cette époque, loin d'être une pure invention, une licence exagérée de poète en débauche d'esprit, faisait réellement partie intégrante de la langue écrite et presque officielle des municipes, des notariats et des greffes de justice.

L'arbitraire sans bornes qui présidait à la formation des mots hybrides admis dans cette langue, produisit bien vite des inconvénients innombrables, des abus étranges. Les équivoques et les incertitudes que présentaient la plupart des actes, nécessitaient constamment des jugements d'interprétation qui eurent trop souvent eux-mêmes besoin d'être interprétés à leur tour.

Cet état de choses, qui rappelle quelque peu la tour de Babel, excita plus d'une fois la sollicitude de François Ier.

Ce prince se décida enfin à y mettre un terme en 1539, et, par son ordonnance de Villers-Coterets, datée du mois d'août, il prescrivit qu'à l'avenir tous les arrêts, sentences, procédures, actes et contrats seraient *rédigés, prononcés et délivrés* (porte l'article 111) *en langage maternel françois et non aultrement.*

Cette disposition législative fut immédiatement après déclarée applicable aux délibérations municipales et à tous les actes d'administration.

Ainsi, à partir de l'année 1539, un assez grand nombre de citoyens se vit dans l'obligation, à Marseille, de connaître le français et d'écrire ou de s'exprimer journellement en cette langue.

Les consuls, nonobstant cela, ne purent, vingt-cinq ans plus tard, trouver un seul rimeur du crû pour fêter la bienvenue de Charles IX et de sa cour. Ils s'adressèrent à Antoine Giraud, de Lyon, poète-ingénieur à la manière du prototype Pierre Gringore, et celui-ci composa, — pour le personnage allégorique de la cité offrant au roi les clés de ses portes, — les premiers vers français qui aient été débités en public à Marseille :

Petite tu me vois, mais tes grands ennemis
Ne me sçauroient forcer, car en Dieu je suis forte.
Du cœur de ces rampars, en armes pour toi mis,
— Haut ma foi devant Dieu, — à toi les clefs je porte.

La mauvaise direction donnée à l'enseignement dans les *chambres*, dans les écoles et dans les assemblées privées, qui existaient à cette époque, était beaucoup plus nuisible qu'utile aux progrès de la langue française. Aussi des lettres-patentes furent-elles octroyées, le 15 août 1571, par Charles IX, dans le but, hautement exprimé, d'obvier à cet inconvénient. — Ces Lettres, en autorisant l'établissement, à Marseille, d'un collége privilégié, semblable à ceux de Paris, obligèrent les instituteurs, jusqu'alors libres de toute entrave et de toute règle, à faire assister chaque jour leurs écoliers aux *lectures* publiques et à n'employer désormais d'autres méthodes que celles qui seraient suivies par les *lecteurs* et les régents du collège.

Peu d'années après, — en 1577, — parut enfin le premier livre écrit en français par un Marseillais.

Le lecteur a deviné sans doute que je veux parler du *Consulat de la Mer*, par François Maissony. — Ce livre n'est pas une création, mais une simple traduction, c'est-à-dire une œuvre qui ne pouvait avoir quelque mérite que par la forme, que par le langage. — Or, cette traduction, dont l'auteur eut une très-grande réputation comme avocat, offre une phraséologie si barbare et si obscure qu'il suffit d'en lire au hasard un seul alinéa pour demeurer convaincu que le barreau marseillais de la fin du XVIe siècle plaidait encore en langue provençale. Ce que j'avance à cet égard est d'ailleurs confirmé par cette circonstance que, cinquante ans plus tard, un imprimeur de la ville d'Aix, ayant voulu rééditer le *Consulat* de Maissony, — fut obligé, pour le rendre intelligible, d'en corriger le langage à toutes les pages, et se fit un scrupule de conscience d'en donner avis au lecteur.

Après cela, on comprend très-bien que les députés, envoyés par la commune de Marseille aux états-généraux de Blois, en 1576, ne purent y briller que par leur silence.

Le procès-verbal des seconds états, tenus dans la même ville en 1588, ne nous apprend rien qui puisse nous autoriser à constater un progrès quelconque chez les Marseillais; mais nous voyons, au contraire, dans les états-généraux de la Ligue, assemblés à Paris en 1593, que le représentant de Marseille, l'écuyer Jean-Jacques Cordier, possédait l'art d'exprimer sa pensée en français, au point que la noblesse de France le choisit pour secrétaire.

C'est également au temps de la Ligue, que nous retrouvons les premières pièces de vers français qui aient été composées par des Marseillais. Elles sont toutes invariablement consacrées à la louange de Louis de la Belaudière et de Pierre Paul et se trouvent réunies en tête des œuvres de ces deux poètes provençaux, dans le premier volume qu'ait produit l'imprimerie à Marseille.

Je ne m'arrêterai pas à celles de ces pièces qui portent des noms profondément ignorés, tels que Crousil, Chomet et Durand : je ne dirai rien de l'ode signée Amiel Prat, notaire et ci-devant lieutenant du roi de la Basoche, — bien que tout cela soit de beaucoup supérieur, comme style et comme facture, au quatrain d'Antoine Giraud que j'ai cru tantôt devoir citer. Mais il ne me paraît pas permis de passer sous silence une petite pièce de vers due à une jeune fille de dix-huit ans, à Marseille d'Aitovitis, ange de la plus rare beauté et qui (au dire de Tallemant des Réaux) était l'amour de tout le pays. C'est qu'en effet, parmi les productions les plus vantées de la belle cordière de Lyon et de la Pernette du Guillet, — il n'en existe pas une seule qui soit empreinte d'un sentiment poétique aussi réel.

Grâce à Tallemant, d'ailleurs, nous possédons une autre pièce de Marseille d'Altovitis. Elle est adressée à Henri de Guise, alors gouverneur de Provence, et forme un digne pendant à l'ode composée en l'honneur de Belaud et de Paul. — Si, en lisant ces deux productions véritablement remarquables pour l'époque, on ne peut se défendre, de déplorer la perte du recueil des poésies de la belle Marseillaise, — on comprend, du moins, que ses contemporains, dans leur enthousiasme, l'aient unanimement honorée des surnoms de *dixième Muse* et de *quatrième Grâce*, dont on a tant abusé depuis lors.

Au reste, ce serait une grave erreur de vouloir juger des progrès des Marseillais par les succès mérités qu'obtint Marseille d'Altovitis.

Considérée comme femme et comme poète, la fille de Rénée de Rieux, baronne de Castellane, semble une sorte d'anachronisme dans l'histoire du langage et des lettres à Marseille.

Comme femme et à l'endroit du langage, on pourra voir tantôt — par des exemples — qu'elle dut être, dans sa ville

natale et pour longtemps , la seule personne du sexe qui parlât français.

Comme poète, plus d'un siècle s'écoulera après sa mort, sans qu'aucun de ses compatriotes produise une tirade de vers qui mérite d'être mise en parallèle avec les quelques strophes connues de notre dixième Muse.

Pour expliquer un phénomène littéraire aussi digne d'intérêt , c'est en vain qu'on interroge les compilations biographiques. Il faudrait renoncer à en deviner la cause immédiate , si, — par des recherches faites en dehors des notices imprimées , — l'on n'arrivait pas à savoir que Marseille d'Altovitis fut élevée à la cour de France et que sa mère , — surnommée la belle Châteauneuf et qui avait failli devenir l'épouse d'Henri III , — conserva, toute sa vie , des rapports d'amitié avec Philippe Desportes, le plus grand poète de l'époque.

Au nombre des institutions qui vinrent en aide à la langue française dans notre ville , on ne saurait logiquement se dispenser de comprendre la cour souveraine de justice , établie durant la Ligue. — Pierre de Masparaulte et Etienne Bernard , venus successivement de Paris pour la présider , avaient l'un et l'autre trop de mérite , comme orateurs et comme écrivains, pour ne pas donner le ton au nombreux personnel des fonctionnaires et des plaideurs que le devoir ou l'intérêt attirait chaque jour devant leur siége ou dans leur hôtel.

Le président Guillaume du Vair surtout exerça à Marseille une grande influence morale et sut y mettre en honneur le langage français. — En dehors de ses fonctions judiciaires qu'il remplissait avec une distinction qui lui valut plus tard le poste éminent de garde-des-sceaux du royaume , — il ne négligea aucune occasion de porter la parole en public , soit à l'Hôtel-de-Ville où il prononçait ses discours et ses remontrances politiques , soit devant le seuil des principales maisons mortuaires où il improvisait ses oraisons funèbres ; — et partout une foule compacte s'empressait d'accourir pour l'entendre.

Guillaume du Vair, en outre, dans son amour passionné pour l'étude, s'était lié d'amitié avec les notabilités scientifiques et littéraires que comptait alors la Provence et principalement avec Peyresc et Malherbe. Il les réunissait périodiquement, en une sorte d'académie, à sa maison de campagne de *la Floride*, dans le territoire de notre ville.

C'est à ces réunions, où quelques jeunes gens, avides de renommée, reçurent des encouragements et des conseils, que nous sommes redevables de la publication des premiers volumes en vers, composés par des Marseillais.

Je veux parler, de François d'Aix et de Jean Case. — Ils dédièrent à du Vair, le premier : son *Polydore ou le printemps des amours du sieur Daix*, — le second : son poème de *la Providence de Dieu contre les Épicuriens et les Athéistes*. Ce dernier poussa plus loin encore la reconnaissance et l'admiration pour l'illustre président. Il mit en vers les 42 chapitres de l'ouvrage en prose que celui-ci avait publié sous le titre de : *Méditations sur l'histoire de Job*.

Dans ces premières élucubrations en grand de la muse indigène et qui furent imprimées à une époque où la langue française était peu familière même aux Marseillais les plus lettrés, — il faut moins chercher l'inspiration poétique que le mérite de la difficulté vaincue au point de vue philologique et grammatical.

Après les essais de poésie vinrent tout naturellement les essais oratoires, et ce fut Balthasard de Vias qui le premier donna l'exemple. — Il prononça, en 1610, à la maison commune, une oraison funèbre sur la mort d'Henri IV ; — puis, quatre ans après, il harangua Louis XIII et Marie de Médicis, comme député de Marseille aux états-généraux. Ces deux spécimens d'éloquence reçurent les honneurs de l'impression, mais ils sont loin de valoir les pièces de vers latins qui ont fait à de Vias une assez belle réputation au XVIIe siècle.

Au reste, les études à cette époque étaient on ne peut plus imparfaites. Le collége, fondé en 1571, n'avait nullement répondu aux espérances qu'on en avait conçues. Les professeurs, généralement natifs de Marseille, sentaient eux-mêmes leur insuffisance. Aussi voyons-nous, en 1625 et sur leur proposition formelle, le conseil municipal prendre la résolution de confier l'éducation des jeunes collégiens aux Pères de l'Oratoire, récemment établis dans la ville.

Quant aux personnes du sexe, leur éducation était à peu près nulle. Destinées à s'occuper uniquement d'ouvrages manuels et des soins de ménage, c'est pour elles surtout que la langue française fut un idiome inconnu. — Toutefois comme il n'est jamais de règle sans exception, nous voyons, vers le milieu du XVIIe siècle, une jeune et belle demoiselle, du nom de *Diodée*, essayer bravement de s'élever au-dessus de ses compatriotes et pousser l'instruction littéraire jusques au point de pouvoir dévorer en quelques jours les plus gros volumes des romans, alors en vogue, des Scudéry, des La Serre et des La Calprenède.

Malheureusement, autre chose est d'apprendre une langue dans les livres et autre chose de parler cette même langue. Autre chose est de connaître la signification d'une phrase et autre chose de posséder la prononciation pratique des mots dont elle se compose. Mademoiselle Diodée en fit la déplaisante expérience et voici dans quelle occasion.

La mère de cette jeune *Prétieuse* avait beaucoup connu le feu duc de Guise, alors qu'il était gouverneur de Provence, et c'est à tel point que la médisance avait cru pouvoir, dans le temps, se donner libre carrière contre elle. Cette bonne dame, apprenant un jour que l'héritier du prince lorrain venait d'arriver à Marseille, fut à sa rencontre, — avec sa fille, — et l'ayant étourdiment abordé sur le port, elle se mit à lui débiter un fort beau compliment en langue provençale. Le nouveau duc paraissait stupéfié de cette harangue pour lui inintelligible. La jeune Diodée alors lui adressa la parole en français, s'efforçant de son mieux à donner une idée avantageuse de son esprit naturel et de son incomparable instruction. Mais combien dut être cruel le désappointement de cette belle enfant,

lorsqu'elle vit son noble interlocuteur se borner à lui ré-
pondre par des révérences et ne pas sembler même soup-
çonner qu'elle pût parler et comprendre un autre idiôme
que le provençal.

Voilà un fait qui met parfaitement en relief le français
qu'on parlait à Marseille au milieu du XVIIᵉ siècle. Quant
à la langue écrite et en ne la considérant qu'au point de
vue de la philologie, il est facile de s'en faire une idée
exacte, sans recourir à l'analyse minutieuse de tout ce qui
a été publié, soit en vers soit en prose, à la fin du XVIIᵉ
siècle et au commencement du XVIIIᵉ.

Marseille, durant cette période de temps, fut en progrès notable dans différentes branches des connaissances
humaines. Elle produisit des volumes d'histoire, d'archéo-
logie, d'érudition, de polémique, de biographie, dont
quelques-uns sont d'un mérite et d'un intérêt incontesta-
bles quant au *fond*, mais dans lesquels la *forme*, — souvent confuse et embarrassée, — quelquefois ridicule et
presque toujours triviale ou incorrecte, — témoigne hautement que les auteurs marseillais, à cette époque, parlaient et pensaient en provençal et que même la plupart
d'entre eux n'avaient qu'une connaissance imparfaite des
règles de la syntaxe française.

Telle est, — à mon sens, — l'appréciation rigoureuse,
mais équitable qu'on peut donner de l'ensemble de nos
productions littéraires, antérieures à l'établissement de
l'Académie de Marseille. Il doit néanmoins demeurer bien
compris pour tous que, dans cet ensemble, je n'entends
nullement faire entrer les ouvrages des d'Urfé, des d'Ho-
zier, des Jules Mascaron et de quelques autres qui, —
nés accidentellement dans notre ville, — en furent empor-
tés encore au berceau et n'y sont jamais plus revenus depuis. Le nom de ces auteurs célèbres peut occuper sans
doute, dans la biographie marseillaise, une place hono-
raire, — mais leurs écrits, qui ne sont, à aucun point de
vue, l'expression des idées et du langage de la cité natale

— ne me paraissent devoir appartenir en propre qu'à l'histoire générale de la littérature française.

A l'époque dont je parle, la langue provençale, en dépit des chefs-d'œuvre de Pascal, de Corneille, de Molière et de Bossuet, — était toujours pour les Marseillais la langue bien-aimée, la langue habituelle, la langue exclusive. Toutes les affaires, dans la cité, se traitaient en cette langue. Dans les lieux publics comme dans les réunions intimes, dans la mansarde du manouvrier comme dans l'hôtel du millionnaire, on n'en parlait jamais d'autre.

Nous savons, par les comptes trésoraires de la maison commune, que des prédicateurs français étaient appelés de fort loin pour les cérémonies exceptionnelles; mais, quant à nos sermonaires de paroisse, s'il est certain que quelques-uns d'entre eux s'essayèrent à prêcher en langue française, un seul du moins, — le père minime Joseph Allègre, — osa livrer à l'impression le fruit de ses veilles, et celui-là ne parlait et n'écrivait qu'en provençal.

Au palais et dans les administrations, on faisait usage à certains moments, il est vrai, d'une langue officielle, d'une langue obligée; mais cette langue, — si on la considère bien attentivement, — n'était qu'une sorte de traduction maladroite et banale, empruntée à la routine, et qui ne pouvait en rien diminuer ou compromettre la domination absolue du provençal.

C'est en cet état de choses, que l'Académie se constitua définitivement à Marseille, en 1726.

Ses fondateurs, profondément pénétrés de cette idée : que l'usage habituel de la langue provençale était pour leurs concitoyens un obstacle à la réalisation de tout progrès littéraire et social, — se proposèrent, pour but de leurs travaux, le renversement graduel de cet obstacle et le triomphe du français dans la vieille société marseillaise.

Ce but, — si fécond en résultats utiles, et pour l'accomplissement duquel il n'y avait eu, avant 1726, que des tentatives individuelles, isolées, discontinues, — l'Académie l'a poursuivi avec toute la puissance que donnent l'association et l'esprit de corps; — et je me hâte d'ajouter, qu'elle a eu la gloire de le réaliser, aussi complètement qu'il pouvait être donné de le faire, — à une époque antérieure à la révolution de 89.

La propagande littéraire, à laquelle les premiers académiciens marseillais se livrèrent avec tant d'intelligence, de dévoûment et de persévérance, opéra, dans la haute classe de la cité, dans la classe la plus susceptible alors d'amélioration morale et intellectuelle, — une transformation si profonde, si radicale, que, — moins d'un demi-siècle après, — il semblait étrange, sinon incroyable, à la nouvelle génération que l'ancien ordre de choses eût jamais existé.

Qu'il me soit permis, à cet égard, d'invoquer le témoignage du marquis de Vento des Pennes, qui, admis, jeune encore, dans l'intimité des premiers membres de l'Académie, était devenu doyen d'âge, en 1786, et se trouvait, par conséquent, dans une position admirable pour bien juger des progrès accomplis depuis la fondation de cette compagnie. — Voici, comment il s'exprimait, dans un discours, prononcé en séance publique et qui me paraît pouvoir être le complément, le résumé et la justification de tout ce que j'ai avancé dans ce rapide aperçu historique :

« Il n'a manqué à nos fondateurs (disait M. de Vento,
« le 25 août 1786) que ce qu'ils ne pouvaient trouver dans
« leur patrie. — Le monde n'y était pas tel que vous le
« voyez aujourd'hui. — Quoique la Provence fût réunie à
« la monarchie depuis plus de deux siècles, la langue fran-
« çaise y parvenait à peine. — Nos citoyens les mieux
« élevés ne parlaient que provençal parmi eux, et l'abord
« des étrangers n'était pas assez fréquent pour affaiblir un
« usage aussi favorable au génie du pays..... Quelque
« singulier que puisse paraître ce que je vais dire (pour-
« suivait-il), très-peu de femmes entendaient le français ;
« et il fallait parler leur langue pour en être écouté ; —

« celles même qui recevaient la meilleure compagnie,
« n'avaient jamais parlé que provençal..... Plusieurs de
« nos anciens confrères (ajoutait enfin M. de Vento) m'ont
« avoué qu'ils pensaient provençal en composant, et qu'ils
« étaient ensuite obligés de se traduire ; — c'est la po-
« sition des étrangers qui n'ont appris une langue que
« dans les livres et par les règles. »

Ainsi, la société, — encore toute provençale à Marseille
avant 1726, dont un contemporain nous a laissé ce tableau
piquant et fidèle, — se trouvait, en 1786, transformée en
société française, depuis un temps assez long et pour une
classe assez notable de citoyens.

Cette transformation, — due à l'initiative et aux travaux collectifs des fondateurs de l'Académie, — fut pour
eux une œuvre d'autant plus méritoire, qu'ils eurent non-
seulement à combattre les goûts, les préventions et les
usages de leurs compatriotes ; mais qu'il leur fallut, en
outre et tout premièrement, lutter contre eux-mêmes et
triompher de l'habitude invétérée de parler et de penser
en provençal.

Honneur donc, en finissant, — honneur à ces hommes
de cœur et d'intelligence, — qui, dans leur ardent amour
pour le progrès, — osèrent s'imposer et surent accomplir
une tâche aussi ardue, aussi utile, aussi glorieuse !

Juin 1859.

.....e. — Typ. Vᵉ Marius Olive, rue Montgrand, 24.